yukismart.com/b/6b4356

1

uno
หนึ่ง
nueng

ananas
สับปะรด
sapparot

chitarra
กีตาร์
kita

2

due

สอง

song

dinosauri

ไดโนเสาร์

dainosao

gemelli

ฝาแฝด

fafaet

3

tre

สาม

sam

stelle marine

ปลาดาว

pladao

pesche

พีช

phicha

4

quattro

สี

si

ciliegie

เชอร์รี

choeri

robot

หุ่นยนต์

hunyon

5

cinque

ห้า

ha

dita

นิ้ว

nio

matite

ดินสอ

dinso

6

sei

หก

hok

caramelle

ลูกอม

luk-om

cuori

หัวใจ

huachai

7

conchiglie
เปลือกหอย
plueakhoi

blocchi
บล็อก
blok

8

otto

แปด

paet

formiche

มด

mot

fiori

ดอกไม้

dokmai

9

nove
เก้า
kao

pesci
ปลา
pla

bottoni
กระดุม
kradum

10

dieci

สิบ

sip

candele

เทียน

thian

uova

ไข่

khai

pari

เลขคู่

lekkhu

dispari

เลขคี่

lekkhi

intero

ทั้งหมด

thangmot

metà

ครึ่ง

khrueng

rosso

แดง

daeng

ombrello

ร่ม

rom

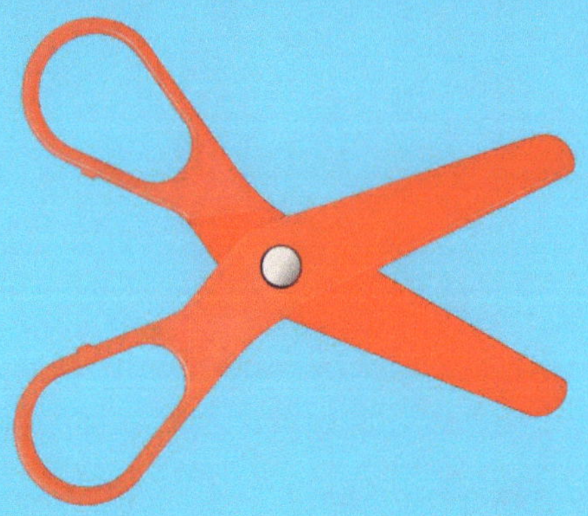

forbici

กรรไกร

kankrai

giallo

เหลือง

lueang

banana

กล้วย

kluai

formaggio

ชีส

chit

verde

เขียว

khiao

verdure

ผัก

phak

bottiglia

ขวด

khuat

grigio

เทา

thao

tappeto

พรม

phrom

piuma

ขนนก

khon nok

arancione

ส้ม

som

zucca

ฟักทอง

fakthong

succo d'arancia

น้ำส้ม

namsom

bianco
ขาว
khao

tazza
ถ้วย
thuai

busta
ซองจดหมาย
songchotmai

nero

ดำ

dam

occhiali

แว่นตา

waenta

camicia

เสื้อเชิ้ต

sueachoet

marrone

น้ำตาล

namtan

violino

ไวโอลิน

wai-olin

torta

เค้ก

khek

blu

ฟ้า

fa

pantaloncini da bagno

กางเกงว่ายน้ำ

kangkeng wainam

occhialini da nuoto

แว่นตาว่ายน้ำ

waenta wainam

rosa

ชมพู

chomphu

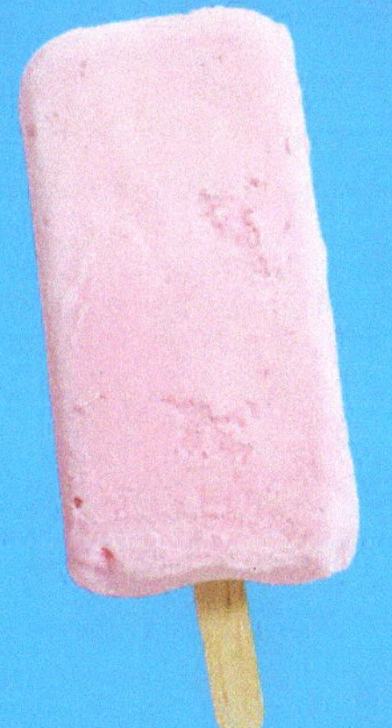

gelato

ไอศกรีม

aisakrim

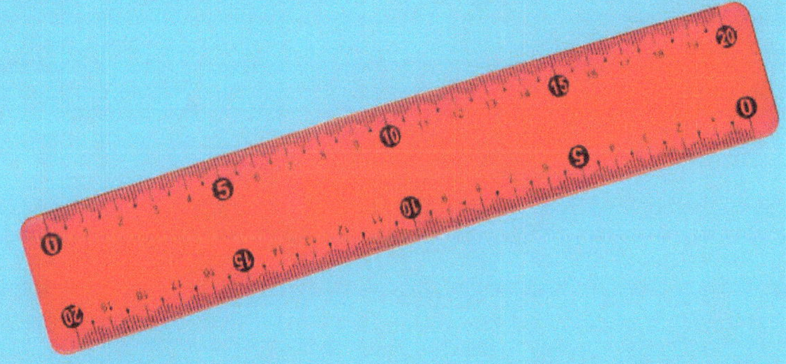

righello

ไม้บรรทัด

maibanthat

viola

ม่วง

muang

dadi

ลูกเต๋า

luktao

ventaglio

พัด

phat

colori chiari

สีอ่อน

si-on

colori scuri

สีเข้ม

si khem

cerchio

วงกลม

wongklom

quadrato

สีเหลียมจัตุรัส

siliamchatturat

stella

ดาว

dao

cuore

หัวใจ

huachai

mezzaluna
เสี้ยว
siao

triangolo
สามเหลียม
samliam

rettangolo
สีเหลียมผืนผ้า
siliamphuenpha

ovale
วงรี
wongri

goccia
หยดน้ำ
yotnam

croce
กากบาท
kakabat

cubo
ลูกบาศก์
lukbat

sfera
ทรงกลม
songklom

anello
ใบไม้สามแฉก

 วงแหวน

wongwaen

trifoglio
ใบไม้สามแฉก

baimai sam chaek

cilindro
ทรงกระบอก

songkrabok

cono
กรวย

kruai

linea

เส้น

sen

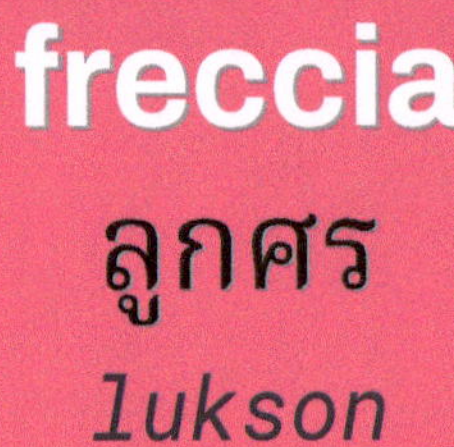

freccia

ลูกศร

lukson

puntini

จุด

chut

zigzag

ซิกแซก

siksaek

curva

เส้นโค้ง

senkhong

spirale

เกลียว

kliao

disegnare

วาด

wat

dipingere

ระบาย

rabai

contare

นับ

nap

scrivere

เขียน

khian

piccolo
เล็ก

lek

grande
ใหญ่

yai

topo
หนู

nu

elefante
ช้าง

chang

corto

ส้น

san

lungo

ยาว

yao

verme

หนอน

non

serpente

งู

ngu

sottile

บาง

bang

spesso

หนา

na

vuoto
ว่างเปล่า
wangplao

pieno
เต็ม
tem

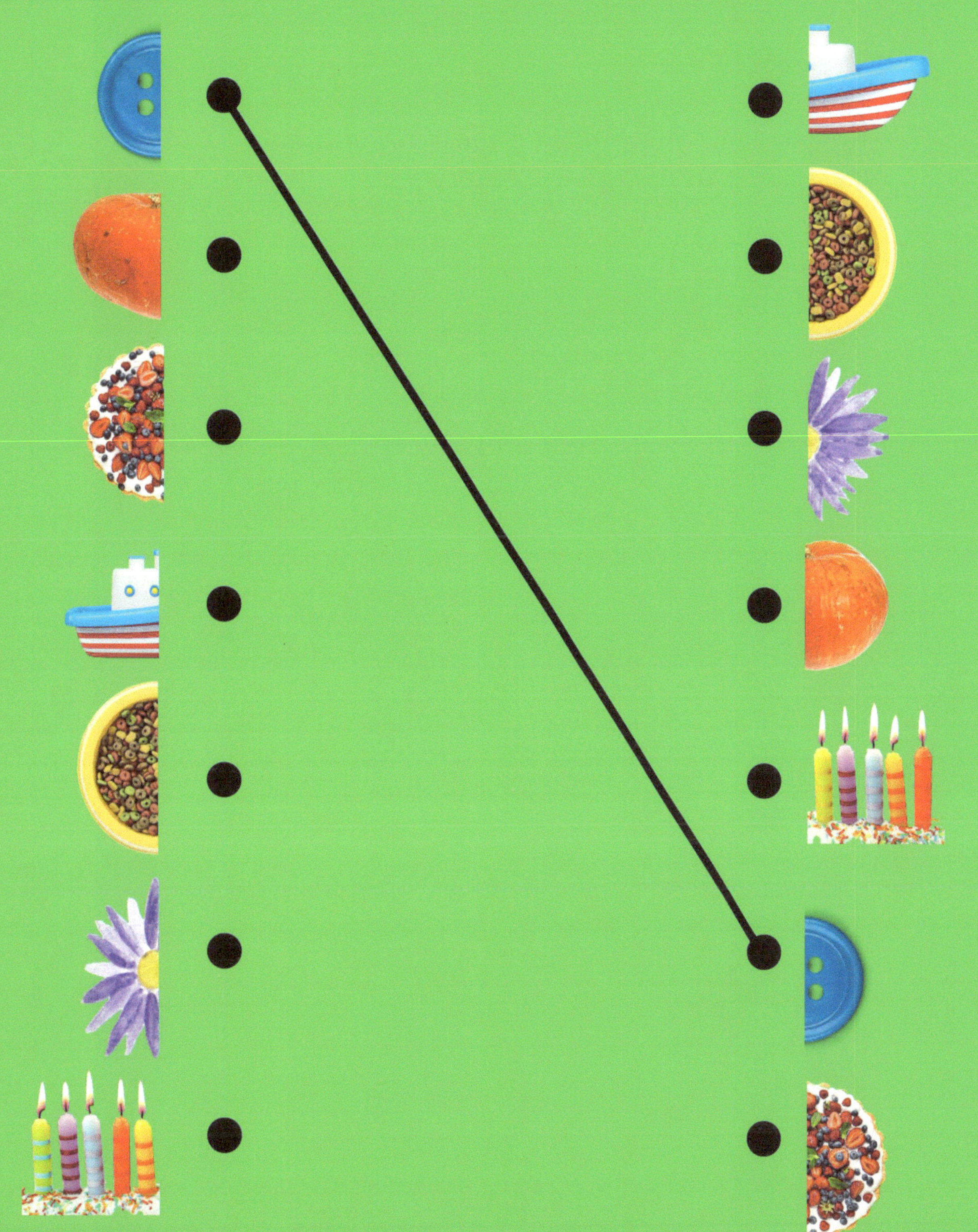